L∴ R∴ LA PARFAITE UNION O∴ DE NANTES.

CONGRÈS MAÇONNIQUE BRETON.

FÊTE SOLSTICIALE D'ÉTÉ

Du 19 Juin 5864 (E∴ V∴)

NANTES,
IMPRIMERIE V. DE COURMACEUX, RUE SANTEUIL, 8.

1864.

CONGRÈS MAÇONNIQUE BRETON.

FÊTE SOLSTICIALE D'ÉTÉ

Du 19 JUIN 1864 (E∴ V∴)

NANTES,
IMPRIMERIE V. DE COURMACEUL, RUE SANTEUIL, 8.

1864.

CONGRÈS MAÇONNIQUE BRETON.

FÊTE SOLSTICIALE D'ÉTÉ

Du 19 Juin 1864 (E∴ V∴)

A∴ L∴ G∴ du Gr∴ Arch∴ de l'Un∴

AU NOM ET SOUS LES AUSPICES DU G∴ ORIENT DE FRANCE,

La R∴ L∴ Saint-Jean, sous le titre distinctif de PAIX ET UNION, régulièrement convoquée, s'est fraternellement réunie dans un lieu où règnent la paix, la concorde et l'équité, et a commencé ses travaux à midi plein. Elle était éclairée à l'Or∴ par le vén∴ F∴ Leguay père, vén∴ titulaire de la Loge; à l'Occ∴, par les FF∴ Blohin et Bégué, 1er et 2e Surv∴. Le F∴ Galpin tient le pinceau de l'orat∴; le F∴ Goron burine la pl∴; les autres FF∴ dign∴ de l'at∴ occupent les places de leurs différentes fonctions.

Le vén∴ ouvre les travaux à la manière accoutumée, et quand les FF∴ qui décorent les colonnes ont pris place, la parole est accordée au F∴ Secrét∴, qui donne lecture de la pl∴ tracée des derniers travaux d'apprenti. La pl∴ lue est sanctionnée sans réclamations, les conclusions du F. Orat∴ entendues.

Le vén∴ invite les FF∴ M∴ des Cér∴, ainsi que le F∴ expert, à se rendre près des FF∴, membres des députations, pour les prier de prendre place à nos travaux.

Tous ces dignes FF∴, réunis en cortége, sont reçus dans le parvis du temple par sept FF∴ porteurs d'étoiles et introduits dans le temple, maillets battants, passent sous la voûte d'acier et sont placés à l'Orient aux places qui leur sont réservées.

Ces députations se composent des Dign∴ et RR∴ FF∴ qui suivent :

Pour la R∴ L∴ NATURE ET PHILANTROPIE O∴ de Lorient :

Les RR∴ FF∴ JURY T∴ S∴, présidant la déput∴
    GAILLARD,
    GUILLEMOTO,
    ALLARD,
    TIERCE fils.

Pour la R∴ L∴ PARFAITE UNION O∴ de Rennes :

Les RR∴ FF∴ JOUAUST, membre du Conseil de l'Or∴ présidant la députation.
    VEILLE,
    FORTINO,
    BUHOT.

Pour la R∴ L∴ MARS ET LES ARTS O∴ de Nantes :

Les RR∴ FF∴ THÉBAUD, vén∴ présidant la déput∴
    GEORGET,
    DE COURMACEUL,
    AUBRON,
    BLANCHET,
    SARRAZIN,
    JEANNEAU.

Une pl.·. émanant de la R.·. L.·. La Bienfaisante O.·. de Saint-Malo, exprime les regrets des FF.·. de cet Orient de ne pouvoir assister à notre réunion fraternelle des Loges Bretonnes.

Lorsque tous ces FF.·. eurent pris place, le Vén.·. leur adressa l'allocution suivante :

« TT.·. CC.·. FF.·. députés, représentants nos SS.·. chéries formant le Congrès Maçonn.·. Breton, ainsi que vous FF.·. représentants nos LL.·. affiliées, soyez les bien venus au sein de nos travaux. La Loge de Paix et Union est heureuse, dans ce jour solennel, de vous ouvrir son temple, pour que vous fassiez l'ornement de ses colonnes ; prenez donc place parmi vos FF.·., et soyez persuadés que la plus grande cordialité, l'amitié la plus fraternelle seront les témoignages de la haute sympathie que nous avons pour vous. Dans quelques instants nous entendrons vos vœux, nous les écouterons avec une attention soutenue, une religion profonde, car nous tenons à en garder un précieux souvenir.

» Mes FF.·. de Paix et Union, saluons par une chaleureuse batterie la présence de nos FF.·. des députations et des FF.·. Visiteurs que nous avons le bonheur de posséder parmi nous.

» A moi mes FF.·. par un triple vivat des mieux sentis. »

Tous les FF.·. de la Loge s'unissent au Vén.·., et dans un vif applaudissement témoignent de leur joie à la présence des FF.·. députés et visiteurs. Le F.·. Jouaust, membre du Conseil de l'Ordre et député de la R.·. L.·. Parfaite Union O.·. de Rennes, répond au vivat tiré par des paroles toutes fraternelles, et s'unissant aux membres des députations et aux MM.·. des Cér.·., donne les signes et les gestes d'une batterie bien vive et de haute affection.

Par respect pour les Loges composant le Congrès et nos SS.·. affiliées, l'Atel.·. ne couvre pas cette batterie.

Tous les FF.·. ayant repris leurs places, le Vén.·. fait connaître à l'Atel.·. que trois profanes, admis à l'initiation par le scrutin, vont être présentés aux épreuves ; en conséquence, il invite les FF.·. experts à se rendre aux cabinets de réflexion, afin d'annoncer ces profanes à la porte du Temple dans l'attitude requise.

Quelques instants après, on frappe à la porte du Temple en profane, et sur les demandes d'usage et les réponses parvenues à l'autel, on annonce les profanes BONNEVAY, DUGAST et RIO, qui répondent formellement à la demande qui leur en est faite, que leur volonté est bien d'être reçus Francs-Maçons ; ils subissent les épreuves d'usage, et sur l'assentiment de l'assemblée ils sont admis à prêter leur obligation. Amenés à l'autel, ils déposent leur serment entre les mains du Vén.·. ; puis, reconduits entre les colonnes, ils reçoivent la lumière. Une douce harmonie se fait entendre et permet aux néophytes de juger de l'importance de la réunion à laquelle ils viennent prendre part.

Le Vén.·. fait annoncer leur proclamation, un vivat est tiré en leur faveur ; ces FF.·. y répondent par le premier M.·. des Cér.·. Leur batterie est couverte, ils viennent alors siéger dans l'assemblée à la place qui leur est réservée.

La parole est accordée au F.·. Faucheux, un des orat.·. adjoint qui, s'adressant aux néophytes, s'exprime ainsi :

« MES FRÈRES,

» C'est ainsi que nous vous appelerons désormais ; efforcez-vous d'apprécier tous les avantages du lien que vous venez de contracter. Avant votre initiation, on vous a prévenu que la Maçonnerie n'exigeait et ne proposait rien de contraire à la religion, aux lois de l'État et aux bonnes mœurs ; les termes de l'engagement que vous avez pris ont dû vous en convaincre. Mais, n'oubliez jamais, mes Frères, que l'ordre vous prescrit une fidélité inviolable, une discrétion à toute épreuve. Dire aux profanes nos mystères et nos rites ne serait pas les rendre meilleurs, mais bien les exposer à la profanation. Un vain désir de curiosité, l'espoir de rencontrer des choses surnaturelles ou merveilleuses nous ont souvent amené des recrues. Que le vulgaire, fécond en idées fabuleuses prête à la Maçonnerie des faits qui ne sont pas en rapport avec nos principes, s'il lui convient de se tromper, laissons-le ; mais vous, mes Frères ! dont le cœur et l'esprit ne sont destinés qu'aux choses vraiment raisonnables, je dois vous présenter le tableau sincère de l'origine de l'ordre.

» La Maçonnerie, mes Frères, remonte à l'antiquité la plus reculée ; son origine se perd dans la nuit des temps. Sanchouiaton, le plus ancien des historiens (quelques chronologistes prétendent qu'il vivait du temps de Sémiramis, vers l'an 2164 avant J.-C.), nous fait connaître les rites et les mystères pratiqués par les Mages, en l'honneur d'Isis, mère de la Nature et déesse de la Sagesse ;

» Osiris, bienfaiteur du genre humain ;

» Horus, dieu de la Raison et du Silence.

» Les épreuves subies pour être admis à leurs mystères étaient celles que nous pratiquons encore de nos jours ; il fallait réunir la pureté des mœurs au courage et à l'élévation de l'âme, on s'engageait à commencer une vie nouvelle suivant les règles de la vertu : les épreuves se terminaient par la purification de l'âme par le feu et celle du corps par l'eau.

» Je glisse légèrement sur ces siècles qui n'ont d'histoire vraie que des traditions perpétuées d'âge en âge pour arriver à une autre époque où la Maçonnerie semble sinon avoir pris naissance, du moins sortir des castes privilégiées pour s'inféoder dans l'esprit des peuples. Cette époque, mes Frères, est celle de l'édification du temple de Salomon, roi d'Israël.

» Adonias, frère et compétiteur de Salomon s'était déjà déclaré successeur du roi David, leur père, lorsque Salomon vint à son tour revendiquer ses droits; sa sagesse, dit la Sainte Bible, le fit triompher de ses ennemis, il serait peut-être plus vrai, mes Frères, de dire que Salomon faisait partie de cette grande association d'hommes de savoir et de sagesse, dont le puissant levier dirigeait déjà l'humanité; société qui avait 341 générations d'existence (Hérodote). Considérés comme les plus grands philosophes de l'antiquité, eux seuls connaissaient l'histoire, les lois et la morale, eux seuls cultivaient les mathématiques, la géométrie, l'astronomie et toutes les sciences. Entièrement livrés à la méditation, à l'étude de la nature, à la contemplation des astres, leurs mœurs aussi pures que leur morale, leur faisaient, à juste titre, mériter le nom de sages.

» Le séjour en Egypte des Israélites avait bien pu les initier aux grands mystères de la déesse Isis; les dieux que les Israélites adoraient et dont l'idée avait été prise chez les Egyptiens, en sont la preuve.

» Osiris, c'est-à-dire le soleil, suivant leurs croyances, veillait sur eux du haut des Cieux, où il était retourné après avoir habité l'Egypte; Isis, ou la terre, que l'on confondait avec la lune, devenait la femme d'Osiris, et par conséquent la reine du Ciel; vous voyez, mes Frères, l'analogie qui existe entre les mystères et rites Egyptiens, et les lois primitives d'Israël.

» Salomon entretenait avec l'Egypte des relations suivies puisqu'il épousa la fille de Pharaon; il avait aussi des relations d'amitié sur d'autres contrées en Asie. Hyram, roi de Tyr, ayant appris que Salomon avait été sacré à la place de son père, envoya vers lui ses serviteurs.

» Salomon fit cette réponse : « Vous savez quel a été le désir de David, mon père; s'il n'a bâti une maison au Seigneur son Dieu, c'est à cause des guerres et des ennemis qui le menaçaient. Maintenant que le Seigneur mon Dieu m'a donné la paix avec les peuples qui m'environnent, j'ai dessein de bâtir un temple à mon Seigneur Dieu. »

» Hyram, homme du peuple, fut désigné par son roi et choisi par Salomon pour diriger l'édification du temple ; il travaillait sur le bronze et était fils d'une pauvre veuve de la tribu de Nephtalie, son père était de Tyr (Sainte Bible). A cet homme rempli de sagesse, de science et d'intelligence, ne pourrait-on pas, mes Frères, appliquer les paroles adressées au Christ de Nazareth quand il fut à la synagogue enseigner sa sublime morale : « Qui lui a donné cette sagesse? d'où lui vient cette intelligence et cette science ? » Oui, mes Frères, le fils de la veuve possédait la sagesse, parce qu'il avait été initié aux mystères symboliques : voilà où il avait appris de la science, voilà où il avait acquis du mérite; devenu architecte habile, il dirigea les travaux du temple, dont chaque colonne portait des caractères symboliques, consacrés aux mystères. L'édification du temple exigeait des adeptes; le peuple d'Israël n'était point initié aux symboles mystérieux, il fallut un initiateur, et ce fut encore Hyram qui, dans le peuple d'Israël, organisa la Grande Famille. Vous savez déjà, mes Frères, que les deux colonnes du parvis du temple portent les noms sacrés du premier âge. Par votre assiduité à nos travaux, vous en apprendrez davantage.

» Je passe à une autre époque.

» Des siècles se sont écoulés ; le peuple d'Israël n'existe plus; le temple est renversé. Aux concours bruyants qui se passaient sous ces portiques, a succédé une solitude de mort ; l'on cherche en vain ces anciens peuples et leurs ouvrages. Tout est détruit, et cependant, mes Frères, l'ordre mystique des mystères symboliques existe toujours. Les anciens architectes du temple eurent des fils, puis ceux-ci des neveux, qui, de race en race, perpétuèrent l'ordre sacré. Cachés dans les différentes retraites où le malheur des événements les avait dispersés, ils attendaient avec la patience du sage qu'une révolution vînt leur procurer les moyens de rétablir le temple.

» En 1093, Pierre Lhermite, ce moine fougueux, ameuta tous les princes chrétiens pour la délivrance des lieux saints. A cette nouvelle, ces vieux débris des descendants des architectes du temple crurent voir luire l'aurore d'une prochaine délivrance. A ce réveil, ils sortirent des déserts de la Thébaïde dans lesquels ils vivaient dans la solitude et ignorés ; ils joignirent quelques-uns des leurs qui étaient restés à Jérusalem et formèrent un corps discipliné, en prenant le titre de Chevaliers de la Palestine. Ils ne renoncèrent point à leurs rites anciens, dont les vestiges leur était précieux ; ils résolurent au contraire d'en continuer l'usage avec de grandes précautions et sous le secret le plus inviolable. Le rétablissement du temple de Jérusalem, semblait être en général le vœu et le but des croisades : nos chevaliers s'annoncèrent simplement comme prenant part à la cause commune ; ils se dirent issus des premiers Maçons qui avaient travaillé à l'édifice de Salomon, et, comme tels, dépositaires de tous les plans et mesures de l'ancien temple ; dès lors, ils s'intitulèrent Maçons libres, prenant LIBERTÉ pour devise et SECRET pour devoir.

» L'avantage de pouvoir se dérober aux regards curieux et jaloux, par leur mode d'association, devait exciter l'envie ; ils le prévinrent. Les Européens, prirent goût à cette nouvelle société, qui semblait vivre isolée au milieu d'une foule pétulante et ambitieuse ; ils désirèrent y être admis. Les chevaliers présumèrent qu'en tout état de cause, il deviendrait utile d'intéresser différentes nations à leurs desseins, remirent en vigueur leurs pratiques primitives. Pour éviter les surprises, ils renouvelèrent l'usage des signes et mots d'ordres, précaution nécessaire pour sauver leurs secrets des atteintes de la curiosité et de la trahison. Des mots servaient de ralliement entre eux ; puis des attouchements pour se reconnaître et des signes pour se distinguer à une certaine distance. Ces mots, signes et attouchements étaient accordés seulement à ceux qui avaient courageusement soutenu les épreuves du noviciat ou de l'initiation ; ils adoptèrent aussi l'usage des inaugurations symboliques dans la liturgie, et le costume fût analogue aux ouvrages du temple et des ouvriers, les Maçons libres, prirent dès ce temps une consistance solide, et fraternisaient sur le pied d'un ordre avec les chevaliers de Saint-Jean-Jérusalem d'où il est apparent que la Franc-Maçonnerie adopta l'usage de regarder Saint-Jean, comme patron de l'ordre en général.

» Vous savez, mes Frères, que le succès des croisades fut peu satisfaisant. La dispersion des Croisés entraîna tout naturellement celle des Maçons. Déjà les fatigues de la guerre et le sort des combats avaient réduits à un petit nombre les architectes du temple, quelques-uns attachés aux chefs croisés par état ou par l'amitié, les suivirent à leur retour en Europe. Plusieurs passèrent en Angleterre avec le prince Edouard, fils de Henri III, et peu de temps après ils furent appelés en Ecosse par lord Stuard, qui leur accorda des possessions et priviléges spéciaux, ainsi qu'en font foi les chartes des Parlements.

» Ils obtinrent successivement la protection des rois de Suède, d'Angleterre et d'Irlande ; ils établirent des Loges en Ecosse, ensuite en Angleterre. C'est de là, mes Frères, que la Maçonnerie est passé en France, et a été maintenue jusqu'à ce jour dans toute sa pureté.

» Vous avez déjà pressenti, mes Frères, qu'un ordre qui a traversé les siècles sans altération sensible n'est point une œuvre ordinaire ; son grand principe de vitalité s'établit sur les lois de la nature, quel que soit la puissance active, la cause motrice qui régit l'univers, ayant donné à tous les hommes les mêmes organes, les mêmes sensations, les mêmes besoins, elle a par ce fait même, déclaré qu'elle leur donnait à tous les mêmes droits, et que tous les hommes sont égaux dans l'ordre de la nature; l'égalité et la liberté sont deux attributs essentiels de l'homme, deux lois de la divinité. L'égalité et la liberté sont donc les deux bases physiques, inaltérables de toute réunion d'hommes en société. C'est là, mes Frères, la puissance de la Maçonnerie. Nos travaux n'ont rien de difficiles; le symbole du temple de Salomon, n'est que l'image du temple de la vertu que nous cherchons à élever dans nos cœurs. On annoblit son être en lui faisant connaître sa valeur essentielle; c'est le secret de la Maçonnerie, c'est le triomphe de l'ordre, c'est celui de l'humanité. Admis à nos mystères, vous goûterez le noble sérieux de la morale Maçonnique; la charité est notre apanage uni à la fraternité. L'amour du bien dont les colonnes principales sont la charité et l'amitié, établit tout naturellement le grand principe d'égalité, le premier vœu de la nature; l'égalité, mes Frères, établit entre nous ce niveau équitable qui place l'homme de cour à côté du simple citoyen, le général sur la même ligne que le patriote ignoré, le magistrat près de l'honnête artisan.

» Unis pour le même but, ils sont assujettis aux mêmes règles : le mérite seul peut autoriser les différences. La fraternité est le symbole et la conséquence du juste niveau qui établit entre nous nos obligations respectives; heureux ceux qui la conçoivent, plus heureux ceux qui la remplissent.

» Je termine, mes Frères, par appeler votre attention sur la grande solennité qui a lieu le jour de votre entrée dans la Grande Famille; vous voyez réunis à l'Orient du temple, les lumières des Orients, nos Frères Bretons, qui, réunis en vertu de nos principes basés sur la liberté, l'égalité et la fraternité, viennent, au milieu de nous, nous éclairer de leurs flambeaux. Que cette réunion fraternelle rive à jamais un anneau de plus à notre chaîne d'union, et apprenne à ceux qui seraient tentés de la rompre, que la Maçonnerie est indissoluble. »

Après ce discours qui laisse une heureuse impression au sein de l'Atel.'., le vén.'. fait tirer une triple batterie à laquelle le F.'. Faucheux répond. Sa batterie est couverte.

Le vén.'. s'adresse ensuite en ces termes aux FF.'. des Loges composant le Congrès :

« TT.'. CC.'. FF.'. des députations, la Loge de Paix et Union, désireuse de s'instruire de vos aspirations est toute disposée à entendre vos vœux. La parole, vous est acquise, et vous tous, mes FF.'., qui décorez les col.'., veuillez prêter une religieuse attention aux vœux qui vont nous être présentés par nos dignes FF.'. des députations. »

Le F.'. Jury, présidant la députation de la R.'. L.'. Nature et Philantropie, à l'O.'. de Lorient, prend la parole, s'exprime en des termes pleins d'amitié, en nous témoignant sa joie ainsi que celle de ses FF.'. pour l'accueil tout frat.'. qu'il trouve au sein de l'Atel.'. de Paix et Union. Il regrette beaucoup que le F.'. Ratier, vén.'. tit.'. de sa loge, ne puisse assister à cette solennité. Le F.'. Guillomoto, secrét.'. de Nature et Philantropie, se joint au F.'. Jury, et dans un compte-rendu succint fait part des travaux accomplis au sein de son Atel.'., dans la période qui s'est écoulée depuis leur dernière réunion de Congrès. Le vén.'. fait tirer une triple batterie pour remercier ces bons FF.'. de leurs communications. Ces FF.'. y répondent. Leur batterie est couverte.

Le F.'. Jouaust, membre du conseil de l'ordre, orat.'. de la R.'. L.'. Parfaite Union, O.'. de Rennes, prend la parole, et dans une chaleureuse improvisation fait ressortir l'importance que l'on doit attacher à la révision de la constitution ; il s'efforce de faire concevoir combien doivent être élaborées avec soin les considérations qui concernent le pouvoir Maç.·. « Sans bases constituantes bien arrêtées, dit-il, la Maçonn.·. ne pourra jamais se réglementer et ne tendra qu'à un périclitement. » Dans une dissertation habilement produite, il fait part de quelques-unes de ces grandes idées qui doivent ressortir des trav.·. de Loges Maçonn.·.; il applaudit à l'heureuse initiative qu'à prise la Loge Nature et Philantropie, de réunir chaque année dans un Congrès, les Loges Bretonnes, persuadé qu'il semble être qu'il ne peut sortir de ces réunions que d'heureux résultats pour la Franc-Maçonnerie. Ces paroles bien senties et prononcées avec une conviction profonde, laissent une douce impression au sein des trav.·. Le vén.·. fait tirer un triple vivat des plus chaleureux auquel le F.·. Jouaust répond. Sa batterie est couverte.

Le F.·. Thébaud, vén.·. de la R.·. L.·. Mars et les Arts, prend la parole pour remercier les FF.·. des Loges Bretonnes du concours qu'ils sont venus apporter au sein de Paix et Union ; les Loges nantaises sont sœurs unies par un lien étroit, et dans toutes occasions les FF.·. de Paix et Union et de Mars et les Arts ne font qu'un tout homogène ; leurs pensées sont les mêmes parce que leurs cœurs sont unis. Il exprime vivement combien il est heureux de voir se propager ces idées de progrès qui tendent à élever la Maçonn.·., et à exercer une heureuse influence sur la société entière.

Après cette improvisation, la parole est accordée au T.·. C.·. F.·. Georget, orat.·. de Mars et les Arts, qui s'exprime ainsi :

TT.·. CC.·. FF.·.

« Je ne chercherai point à démontrer que la M.·. est loin d'avoir complétement atteint son but; ce serait prêcher des convertis. Combien de malheureux tombent chaque jour victimes du préjugé du point d'honneur, triste héritage légué par la barbarie du Moyen-Age. La guerre, c'est-à-dire la loi du plus fort, est encore la suprême raison. Une partie du genre humain croupit dans l'ignorance et gémit sous le poids de la superstition, des préjugés, de l'intempérance et de l'ivrognerie. L'intolérance et le fanatisme règnent partout.

» Et s'il est un coin de la terre plus affligé que les autres, c'est notre pauvre et chère Bretagne, où le titre de Maçon est le plus souvent un sujet de ridicule, quand il n'est pas un motif d'exclusion et d'ostracisme. Mais à qui la faute ? si ce n'est à la Maç.·., qui sacrifie à peu près tout à la forme, et cache au monde profane le côté philosophique, moral et humanitaire de l'institution.

» Il serait temps d'abandonner le langage figuré, de renoncer aux épreuves puériles qui choquent la raison. Le peuple veut comprendre ce qu'il voit et ce qu'il entend; il ne peut juger nos institutions que sur les apparences, et il en rit ou il les calomnie. Que la Maç.·., dégagée des langes du passé et de ces airs mystérieux qui lui ont valu le nom de société secrète, se montre comme la philosophie, le flambeau de la raison à la main pour éclairer le monde.

» Que l'on sache et que l'on répète que le mystère auquel elle sacrifie, c'est la vérité; qu'elle enseigne le travail, l'amour et la charité.

» Qu'elle apparaisse à tous, telle quelle est : grande, noble, simple et digne, exempte de tout ridicule.

» Pour éclairer et moraliser les masses il faut les instruire et non chercher à les étonner par des pratiques surannées.

» Que nos légendes et le texte de nos rituels expliqués, répandus à profusion, disent à tous que, sous le symbole de noms et de faits, on trouve de hauts enseignements applicables à tous les temps, à tous les peuples; ils prêcheront à toutes les générations la grande, la sainte loi du travail, l'amour de nos semblables, de la liberté et de l'égalité.

» Pour soutenir la lutte des lumières contre les ténèbres, de la vérité contre le mensonge, la Maç.·. a besoin d'une puissante organisation. Il faut que ses adeptes soient certains de rencontrer des cœurs et des mains amis partout où les nécessités de la lutte conduiront leurs pas ; il faut qu'à toutes les avenues du pouvoir, sur toutes les marches des administrations, ils trouvent un des leurs pour les conseiller, les guider et les soutenir.

» Je termine en disant :

» Le suffrage universel est le point de départ, la base, l'arche sainte de notre institution ; c'est à la Maç.·. que les peuples libres le doivent : qu'il soit donc l'arme qui nous fera triompher.

»Ne donnons nos suffrages et l'appui de notre influence qu'à ceux qui sont des nôtres, qui promettent de soutenir nos principes. Soyons unis, nous serons forts. Arborons et portons haut et ferme notre noble bannière, sur laquelle resplendit cette trinité magique : Liberté, Égalité, Fraternité, et la Maç.·. aura bientôt conquis le rang qui lui appartient.

» Voilà les vœux que vos FF.·. de Mars et les Arts ont la faveur de vous exprimer et qu'ils soumettent à vos méditations. »

Après ces paroles dites d'un cœur pénétré, et qui produisent sur l'assemblée une heureuse sensation, le vén.·. fait tirer une triple batterie à laquelle les FF.·. de Mars et les Arts se joignent comme témoignage de bonne fraternité. Les FF.·. Georget et Thébaud, sur leur demande, prennent part à cette batterie qui fait retentir la voûte céleste du temple de Paix et Union des plus vifs applaudissements.

Les Loges des députations formant le Congrès Maç∴ ayant produit au sein des trav∴ leurs impressions et leurs vœux, le vén∴ remercie ces FF∴ dans une courte allocution, et leur exprime en même temps toute la joie et toutes les pensées de souvenir qui resteront gravées au sein des FF∴ de Paix et Union.

Aucun des FF∴ visiteurs ne demandant la parole, le vén∴ prévient les FF∴ du Congrès que la loge de Paix et Union va leur exprimer ses vœux et ses pensées; en conséquence, il invite le F∴ orat∴ de la Loge à prendre la parole pour être l'interprète des sentiments de l'at∴ près des FF∴ du Congrès. Le F∴ Th∴ Galpin se lève, et s'adressant aux FF∴ des députations, leur dit :

« TT∴ CC∴ FF∴ des députations des Loges Bretonnes, et vous tous FF∴ des députations de nos SS∴ amies, ainsi que vous mes FF∴ de nos SS∴ affiliées, qu'il me soit donné de vous exprimer les vœux, les tendances, les aspirations de votre Sœur chérie, la R∴ L∴ de Paix et Union. »

« TT∴ Ill∴ et TT∴ honorés FF∴,

» La solennité qui nous rassemble, cette fête qui nous procure le bonheur et la joie de vous voir orner nos colonnes, sera marquée dans les archives de Paix et Union d'un stylet spécial, et la page inscrite au livre d'or sera tracée d'un burin fraîchement émoulu, pour que les caractères ne s'en effacent pas. Les aspirations progressistes que nous suggère votre présence au sein de nos trav∴, nous inspire les motifs de souhaits qui vous feront connaître les sentiments maçonn∴ de Paix et Union, ses tendances vers une ère nouvelle, ses sympathies pour le progrès et l'avenir de la Franc-Maçonn∴. Les vœux ardents que nous formons pour les bienfaits que peut répandre notre ordre dans la morale des peuples, la puis-

sance que peut exercer les enseignements que traduisent nos élans de pensées, les fruits que peuvent produire les germes de l'imagination pour l'instruction des nations, sont les bases fondamentales des principes complexes qui ressortent de réunions solennelles comme celle que nous formons aujourd'hui, et qui sont destinées à porter un jour nouveau sur l'établissement de fondations nécessaires aux lois sociales qui sont appelées à régir cette morale unique, préconisatrice des bienfaits dont l'humanité toute entière doit bénéficier.

» En effet, mes FF∴, qui dit Franc-Maçonn∴, dit progrès. Or, qu'est-ce qu'un progrès par les temps actuels, si ce n'est la prépondérance que peut exercer pour le bien de tous un ordre social organisé, répandu dans le monde entier, aspirant aux mêmes élans, identifié des mêmes idées; la croyance et le respect que nous concevons du grand Arch∴ de l'Un∴ doivent faire agir sur notre individualité d'heureuses influences, et si nous sommes bien pénétrés de l'essence divine de notre création, la loi humanitaire, dérivatrice de l'esprit de Dieu, doit être la conséquence d'une pure morale et de hautes pensées.

» Cette loi sublime fut dictée aux peuples dès les premiers âges du monde : « Honores ton Dieu de toute ton âme, de toute ta pensée; aimes ton prochain comme toi même et pour l'amour de Dieu. » Tel fut le sommaire du décalogue qui descendit du mont Sinaï. Plus tard, le divin Maître nous présenta cette charité chrétienne si grande et si sublime : « Ne fais pas à autrui ce que tu ne veux pas qu'il te soit fait. » Bien des générations se sont succédées, bien des siècles se sont écoulés, et ces grands principes de loi ont été sinon méconnus, restés du moins infructueux.

» L'espèce humaine a-t-elle besoin de luttes incessantes ? Non, si elle n'y était poussée elle les répudierait. Les masses sont des pâtes molles qui se pétrissent selon les événements; il arrive pourtant un moment où elles

deviennent sèches et réfractaires : de là surgissent les révolutions. Verrons-nous donc toujours de ces luttes intestines, de ces haines d'Etat, de ces complots de puissances, sévices abjects contre la loi de Dieu, contre l'humanité !.. Certes les nations sont fières, l'amour de la patrie rend les hommes forts de leur nationalité, ce moteur idéal les rend belliqueux, vindicatifs. Pourquoi ? la raison est facile à dire : dominés par l'orgueil, ils subissent la domination ; esclaves de préjugés, ils deviennent souvent esclaves eux-mêmes. Doit-il donc exister sans cesse de ces luttes destructives, incessantes ; suscitées souvent par un vain caprice qui laisse décimer, sous un prétexte de gloire, des existences bien chères à la patrie.

» Loin de moi cette pensée de toucher aux souverainetés. La Maçonn∴, puissante par son indépendance, sait respecter la politique des gouvernants ainsi que les religions des peuples ; c'est un respect qu'elle observe scrupuleusement par cela seul qu'elle peut espérer aussi qu'on respectera ses tendances qui sont d'autant plus équitables, qu'elles sont basées sur l'amour de l'humanité. Fidèle observatrice des lois de son pays, elle renferme sa bannière dans ses temples pour que ses prosélytes puissent la défendre et la soutenir, non point d'une main armée d'un glaive menaçant, mais d'un esprit pénétré, convaincu, exerçant la persuasion. C'est avec ce puissant levier que la Maçonn∴ doit exercer sa féconde influence sur l'avenir des peuples, en faisant ressortir les bienfaits d'une union fraternelle.

» L'Egide Maçonn∴ développée sur les nations, portant à tous les mêmes inflexions, les mêmes aspirations, les mêmes tendances, amenera dans la civilisation cet espoir tant désiré, l'union universelle.

» Aujourd'hui que l'éducation chez les peuples s'acquiert si facilement, ne peut-on donc faire entrer dans leur morale cette conception si facile de l'amour de son semblable, non pas sous la forme actuelle et réservée seulement à la pratique des cultes, mais par une forme spéciale faisant partie intégrante de l'instruction. Du jour où ce but sera atteint nous verrons cesser ces luttes sanguinaires qui déciment les nations, qui engloutissent les intérêts.

» Pourquoi les puissances sont elles sans cesse sur un qui-vive, s'observant continuellement; pourquoi ces légions nombreuses sous prétexte de défense du territoire? Si les peuples étaient unis par un lien fraternel chercheraient-ils toujours à guerroyer? Le fléau de la guerre est-il nécessaire aux nations, évidemment non! car si l'on cherche son opportunité, on ne trouvera dans ses résultats que désolation et misère. En effet, ces légions armées se recrutent généralement dans cette partie de la population la plus nombreuse, la plus vive, où l'homme entre dans le monde avec une vigueur naissante qui se développe de vingt à trente ans. Les catégories de la nation qui fournissent le plus à ce recrutement, sont l'agriculture et l'industrie. Eh bien! si l'on retire des champs le travailleur utile, il faudra recourir à l'auxiliaire et employer l'engin mécanique; mais si d'un autre côté, on retire à l'industrie ses bras et ses intelligences, la construction des machines devient plus difficile et vous amoindrissez la production. Ce n'est pas tout, les ravages qui se font dans les rangs des armées par le plomb meurtrier, les épidémies, etc, enlèvent cette population, la plus active, qui consomme le plus, car c'est dans l'âge de vigueur que l'homme dépense le plus pour ses besoins. Ces natures, toutes de choix, qui jonchent les champs de bataille, ne viendront plus au foyer domestique contracter l'alliance de la famille et donner le plus grand débouché à la consommation. Si d'un côté la production périclite dans la soustraction de ses bras, le commerce lui-même souffre dans la diminution de ses transactions.

» La stagnation arrive et le capital se trouve compromis. Nous ne pouvons nous dissimuler que la production du territoire, ainsi que celle des bras et de l'intelligence, sont liées, par des liens intimes, avec le commerce et ses intérêts. Est-il donc nécessaire de grever les pays d'impositions lourdes à supporter, afin de subvenir aux frais immenses que nécessitent et le matériel destructeur, et le transport, et l'entretien des troupes belligérantes. Nous avons un triste exemple des effets de la destruction dans cette guerre fratricide qui depuis plusieurs années désole le Nouveau-Monde, guerre aussi impie qu'exterminatrice ; combien de millions engloutis dans ces luttes, combien d'existences anéanties !...

» Nous voyons tous les jours une invention nouvelle surgir, comme moyen puissant de destruction. Aujourd'hui, c'est un canon lançant des projectiles d'un poids énorme contre des bastions bardés de fer, et demain, voyant son peu d'efficacité, on en construira un autre plus formidable encore qui viendra se ruer contre des défenses aussi puissantes que l'attaque, et le résultat du lendemain sera identique à celui de la veille.

» Le génie de la destruction est donc bien puissant pour aveugler les hommes, puisqu'ils ne voient pas se tourner contre eux leur haîne, comme une amère dérision. Et lorsqu'enfin cette guerre sera ralentie, ou qu'elle aura cessé, quand on demandera vainement à l'avenir les résultats obtenus, hélas ! ils seront nuls !

» Que l'on demande à la vieille Europe ce qu'elle a obtenu depuis toutes ces guerres, elle vous répondra : « Rien ! » Après les luttes les plus acharnées vous voyez se présenter les hommes de paix qui, dans le silence du cabinet, viennent traiter sur les questions hostiles. On finit par où l'on aurait dû commencer. Alors à quoi bon décimer les existences utiles au pays ? à quoi bon dépenser tant de capitaux nécessaires à l'amélioration du territoire, au soutien des masses ? On dira que le pays a besoin de gloire, que les guerriers ont soif de lauriers cueillis sur le champ de bataille. Certes, la défense du pays est d'un noble cœur, mais je demanderai comment on qualifiera l'attaque faite à une puissance, relativement moins forte en hommes et en machines de guerre, qui devra nécessairement succomber dans la lutte ? j'en laisse l'appréciation aux hommes généreux !...

» Ce sont pourtant là les péripéties de la guerre. Et dans les grandes luttes, que reste-t-il après les combats ? des morts sur le champ de bataille, des blessés qui souvent mènent une existence précaire par suite de leurs blessures, quelquefois un peu de gloire pour les survivants, mais comme bénéfice : « Rien ! » si ce n'est un sentiment de haine qui agit tôt ou tard de représailles.

» Prenons un instant notre pays comme exemple. Pendant quinze ans la fortune nous fut prodigue, nos couleurs nationales ont flotté sur les principales capitales de l'Europe, mais les revers étaient là, car les peuples vaincus dont nous avions occupé le territoire en conquérants, sont venus jusqu'au sein de notre patrie nous imposer les lois du vainqueur. Étrange destinée que le sort des armes ! Où était alors le bénéfice de ces quinze années de luttes et de gloire, chèrement acquises au prix du sang des enfants de la France ?... Le bénéfice, se résumait dans une paix honteuse, qui réservait pour l'avenir des haines non assouvies et des luttes plus grandes encore !

» Oui ! les hommes qui pendant ces temps de lutte, et aujourd'hui même encore soutiennent de leur épée la défense du drapeau, furent et sont méritants ! Mais la bravoure et la noblesse du cœur ont-elles toujours besoin de faire couler le sang pour se signaler ? Non !... Nous avons sans cesse devant nous des motifs de prouver notre dévouement à la patrie sans nuire à l'humanité : dans la production du sol, dans les arts, l'industrie, dans la vie commerciale, nous pouvons signaler des hommes qui rendirent des services éminents ; ces services, il est vrai, n'étaient pas accompagnés d'un prestige militaire et restaient inaperçus, et cependant qu'on le sache bien, le dévouement ne doit jamais briller par l'éclat qu'il peut produire, mais bien par son désintéressement......

» Ah ! souhaitons donc tous que les peuples comprennent enfin qu'une union générale serait bien plus utile que des luttes acharnées. La Providence, en créant le monde, n'a jamais dû comprendre que la guerre fut nécessaire pour diminuer l'accroissement des populations, la mortalité naturelle de notre individu suffit pour laisser la place vacante à ceux qui naissent ; et puis, la terre est grande, et elle est encore bien peu occupée. Que le pays conserve ses enfants pour créer de nouvelles possessions, et ses capitaux pour les soutenir dans leurs fondations. Le territoire conquis par le travail et l'intelligence sur les vastes domaines de la nature inculte, a bien plus de mérite que celui conquis à main armée par le fer et le plomb assassins. En agrandissant le pays, en augmentant les populations dans les divers points du globe, vous créez des débouchés à la production, vous augmentez votre commerce.

» Que les peuples conçoivent donc un jour qu'il est de leur intérêt de garder des bras pour l'agriculture, des bras à l'industrie ; de se créer dans une union fraternelle ces relations intimes qui offrent des débouchés par les échanges réciproques de la production, car il faut bien se pénétrer de cette grande pensée, « que l'agriculture et l'industrie sont les filles nouricières d'une mère patrie, le capital et le commerce en sont les fils protecteurs. »

» Eh bien, mes FF∴, cette union des peuples qui peut offrir à l'humanité le bien-être tant désiré de tous, cette union, dis-je, où la trouver, si ce n'est dans la Franc-Maçonn∴, non plus cette Maçonn∴ individuelle inhérente à chaque pays, agissant séparément, mais dans une immense association, dans une Maçonn∴ universelle, possédant les mêmes mots, les mêmes attouchements, les mêmes tendances et les mêmes aspirations. Un seul mot d'ordre parcourrerait le monde entier ; le G∴ Arch∴ de l'Un∴ en serait le G∴ M∴ et dans chaque Etat, dans chaque puissance, il y aurait un G∴ M∴ directeur, égal en titre et en grade aux puissances voisines, accompagné d'un Conseil qui gérerait la Maç∴.

du pays, et dans une grande réunion annuelle chaque Etat recevrait à tour de rôle les mandataires des autres puissances, et là se communiqueraient les idées surgies au sein des différents pays. Cette organisation simple et facile mettrait les peuples dans une communion d'idées qui, nous en sommes persuadés, feraient cesser ces luttes exterminatrices, car les frontières ne seraient plus traversées par les peuples que pour se presser une main fraternelle et amie. Tels sont, mes FF.·., les vœux que devait vous présenter la Loge de Paix et Union ; aussi son fervent désir est-il de voir se réaliser ce vœu bien cher pour elle,

« L'Union fraternelle de tous les peuples du monde, par l'unité universelle de la Franc-Maç.·. »

» Edifions-nous donc, donnons à nos cœurs cette plénitude d'affection qui porte aux grands élans, et nous pourrons voir s'accomplir ce grand mouvement des nations, qui toutes aspirent au bonheur d'une grande union. Les jalousies et les vengeances doivent terminer leur action destructive. Les peuples ressentent le besoin de la paix, car la pacification mène nécessairement à l'impulsion des grandes idées, au progrès réel de la civilisation. Se sentir plus fort et abuser de cette force pour dominer les autres, n'est qu'un fait indigne des hommes de cœur. Il faut soutenir le faible, mais ne jamais l'opprimer. Du jour où la Maçonn.·. aura jeté sa protection puissante sur les masses, qu'elle aura pénétré les esprits, sensibilisé les cœurs, développé les instincts nobles et grands, et cela, sans exigences, sans pression, sans distinction de puissance, le monde entier aura compris sa phase ; l'humanité toute entière sera resplendissante de ces conquêtes obtenues sur l'esprit humain.

» A l'œuvre donc, ouvriers laborieux de l'intelligence ! à vous de semer ce germe fécondant qui produira au centuple du grain fourni. Oui, à vous, Francs-Maçons dévoués, cette noble tâche ! Que chacun s'en pénètre, que chacun, même par de minimes efforts, amène l'humanité à ce grand jour de gloire; et si dans l'aurore que nous entrevoyons il venait à poindre, dans un jour prochain, une aurore naissante qui indiquât cette grande conquête de l'union fraternelle des nations, oh! alors les Loges Bretonnes pourront, à juste titre, être fières de leur initiative, car elles auront planté un des premiers jalons du chemin tracé pour l'avenir nouveau réservé à la Franc-Maçonnerie. »

Ce discours terminé, le vén∴ remercie le F∴ orat∴ et prévient l'At∴ de tirer un triple vivat bien senti. Le F∴ orat∴ se joint à cette batterie, qui fait retentir les colonnes d'un vif applaudissement.

La parole est accordée au F∴ Puységur, un des orat∴ adjoints, qui fait entendre au sein de l'Atel∴ ces éloquentes paroles :

TT∴ CC∴ FF∴

« Essentiellement humanitaire et civilisatrice, la Maç∴ doit surtout s'appliquer à étudier, à connaître l'homme, à le suivre dans toutes ses phases de développement et de perfection. Placée, par le G∴ A∴ de l'Un∴, à la tête du mouvement et du progrès, elle doit faire agir, comme un puissant lévier, tous les nobles instincts de la nature humaine, et donner surtout, pour fondement à son édifice immortel, celle de ses facultés qui lui aura paru la source la plus féconde des plus sublimes élans, des dévouements les plus généreux.

» Or cette faculté, ce bien le plus précieux de tous, ce bien sans lequel tous les autres ne sont rien, ce bien, but de toutes nos aspirations et pour lequel chacun de nous sacrifierait sa fortune, sa vie même, ce bien, c'est le libre arbitre, c'est la Liberté !

» Mais cette liberté, source féconde de progrès et de perfection, cette liberté qui doit un jour réunir sous la même bannière tous les peuples répandus sur la surface du globe, quelle est-elle ? quels en sont les principaux caractères ?

» Serait-ce ce génie au regard ironique et étincelant qui nous dit en nous montrant notre ennemi terrassé : « Voilà l'objet de ta haine, voilà l'obstacle qui s'est » toujours dressé devant toi ! Le Ciel l'a livré en tes » mains, frappe tu es libre.... nul ne te demandera » compte du sang que tu auras versé.... »

» Ou bien ce Dieu qui vient à nous, la corne d'abondance à la main, et, prodigue de toutes les jouissances du bien-être, du luxe, de l'opulence, nous invite à savourer en toute liberté les délices de la vie matérielle, sans nous tourmenter inutilement des questions que la science et la morale offrent chaque jour aux méditations de ceux qui veulent retremper leur âme et développer leur intelligence ?

» Serait-ce cette Furie infernale qui, la torche d'une main, le poignard de l'autre, nous crie, au nom du Ciel et de la Liberté : « Dieu t'a donné la force et la puis- » sance ; il t'a placé au-dessus des lois ; frappe sans pitié » cet homme.... Ton Dieu n'est pas le sien ; ses opi- » nions politiques ne sont pas les tiennes.... Il est pour » toi hors du droit commum.... Frappe, et tu accom- » pliras le devoir d'un homme vraiment religieux, d'un » vrai patriote, d'un bon citoyen. »

» Non, mes FF.·., cette liberté que nous cherchons ne se trouve point dans les inspirations du fanatisme, de la tyrannie, ni dans l'inerte indifférence de l'égoïsme. Ce n'est point à ces fléaux de toute société, à ces ennemis de tout ce qui est vraiment grand, vraiment libre, que nous demanderons des ouvriers pour édifier les colonnes de nos temples. Non ce ne sont point là les apôtres de la liberté Maçonnique. Mais pour la trouver, pour la comprendre, pour en ressentir la salutaire influence, nous la demanderons à ces deux mots si puissants, si féconds en développements moraux, et qui résument si bien le code de l'humanité : NATURE et PHILANTHROPIE !

» Et lorsque je viens vous parler de Liberté, ne croyez pas, mes FF∴, que je veuille ici soulever des questions religieuses ou politiques, loin de moi la pensée d'enfreindre les réglements qui nous interdisent de nous engager sur ce terrain brûlant ; loin de moi la pensée de faire entendre dans ce temple de la concorde des paroles qui pourraient blesser d'honorables susceptibilités, froisser de franches et loyales convictions et désunir des cœurs faits pour se comprendre et pour s'aimer. Non, cette liberté dont je viens de vous parler, c'est cette liberté fondée sur les lois de la morale, de l'Union fraternelle, et dont chaque page du grand livre de la nature nous fait mieux sentir et apprécier toute la portée.

» Oui, mes FF∴, c'est en étudiant la nature, c'est en développant chaque jour notre intelligence par la recherche et la méditation des phénomènes du monde physique et du monde intellectuel que nous parviendrons enfin à acquérir cette liberté si désirée de tous, mais hélas ! si mal comprise ! En levant nos regards vers le Ciel, en mesurant par la pensée, et l'étendue des mondes semés dans l'espace, et la distance qui nous en sépare, nous sentons notre âme grandir et s'élever. Ces merveilles du monde physique, en même temps qu'elles la dégagent d'une foule de préjugés, nés de l'ignorance et de la superstition, lui font mieux sentir et goûter les merveilles plus sublimes encore du monde moral et intellectuel.

» Qui de nous, en effet, à la vue de ces globes immenses, parcourant depuis l'origine des siècles leur révolution, sans jamais franchir la limite que leur a tracée le G∴ A∴ de l'Un∴, ne comprend pas l'harmonie du monde des intelligences unies à Dieu par l'exercice du libre arbitre, de cette liberté commune à tous, et régie par les principes mêmes de la loi naturelle, dont le plus beau, le plus sacré des préceptes est celui-ci : « Ne fais

» point à autrui ce que tu ne voudrais point qu'on te fit
» à toi même ! »

» De ce principe bien compris, rigoureusement observé,
découle le plus noble, le plus parfait exercice de la
liberté selon la nature, c'est-à-dire de la liberté Maçonn∴.
Seule la Maçonnerie savait ce que c'était que l'homme
libre, parce que seule elle a puisé dans la nature ses
dogmes les plus rationnels, ses plus pures inspirations ;
seule elle dit à ses néophytes : « Respectons les croyances
» et les opinions de nos frères ! » Seule elle voit, confondus
au sein de ses temples, rangés sur ses colonnes, comme
la phalange du Progrès et de la Fraternité, des membres
de tous les cultes, des propagateurs de toutes les opinions adoptées par des consciences mues par l'amour du
beau et du vrai, parce que seule elle est persuadée que,
de toutes ces opinions, tendant au même but par des
routes différentes, il est vrai, résultera enfin la fusion
de tous dans une seule et même pensée : Progrès et
bien-être pour tous, et par tous !...

» Voilà, mes FF∴, la véritable liberté ! Voilà la plus
ferme colonne de nos temples ! Voilà le véritable soutien
des lois, de la société, de la famille ! Voilà la liberté qui
doit faire le tour du monde, non pas conduite par
l'étendard des guerres et des conquérants, mais précédée
de la bannière de la Maçonnerie ! Voilà la liberté qui,
résumant en elle toutes les nobles aspirations, quelles
qu'elles soient, de quelque opinion qu'elles émanent
en composera cette harmonie universelle dont les mélo-
dies, non moins puissantes que variées, trouveront un
écho dans nos cœurs, et seront pour nous le prélude du
concert saluant l'aurore du beau jour de la régénération
universelle.

» Mais le plus puissant auxiliaire de cette liberté,
mais son complément le plus nécessaire, c'est la Philanthropie, bien comprise et bien appliquée. Est-il en
effet, mes FF∴, un droit plus beau que celui d'aimer
et de secourir. Ah ! qui n'envierait ce privilége auguste

de la Maçonnerie, d'aimer et de faire le bien ! Certes, il n'est pas ici un de nous dont le cœur ne tressaille, quand il a pu sécher des larmes, adoucir une infortune ! Les trésors de nos temples s'épuisent pour les malheureux. Nous leur prodiguons les secours matériels ; mais notre tâche doit-elle s'arrêter là ? Et cette âme, succombant sous le poids des affections morales, n'aurons-nous aucun remède pour ses maux ? N'aurons nous aucun baume à verser sur ce cœur meurtri et déchiré ? Ah ! croyez en l'expérience et la parole de ces grandes lumières que la voix des siècles a proclamé les plus sages entre tous : le premier devoir de la charité, c'est de consoler et d'instruire, et le moyen le plus efficace pour remplir cette tâche, c'est de travailler nous-mêmes au développement de toutes nos facultés, c'est de demander à l'étude de la nature et de la morale, cette force, cette raison, si nécessaires pour nous diriger dans l'exercice du bien. Entrons donc résolument dans la voie nouvelle qui nous est ouverte ; profitons des ressources que l'institution Maçonnique met à notre disposition. Que des voix animées par le désir d'être utiles, inspirées par la foi et par la liberté Maçonnique, nous fassent entendre de ces paroles qui raniment le zèle près de s'éteindre, relèvent les courages abattus, et sèment dans tous les cœurs les germes de ces vertus qui font de l'indépendance de l'homme de bien le plus beau comme le plus précieux des trésors !

» Ainsi comprise, ainsi appliquée, mes FF∴, la Philanthropie sera le plus beau fleuron de notre liberté, comme elle en sera le charme le plus doux. Ainsi, plein de foi, d'espérance et de charité, le Maçon prendra un plus rapide essor vers les hautes régions de la philosophie : là, dégagé de toute entrave, maître de ses passions, il pourra puiser dans les trésors de la sagesse éternelle ces connaissances qui, répandues partout, feront de tous les hommes un peuple de frères marchant unis dans la voie de l'émancipation.

» Alors, s'éteindront pour jamais ces haines, ces

discordes, ces passions, ennemis irréconciliables de toute paix, de toute liberté ; alors avec le crime disparaîtra aussi, espérons-le du moins ! cette triste et hideuse nécessité de l'expiation suprême ! Puissent les peuples, régénérés par la Maçonnerie, ne plus forcer la justice humaine à faire de la place publique, s'il m'est permis de me servir de cette expression, une taverne en plein air, où l'ivresse du corps satisfaite, l'âme vient demander à son tour, au sang qui va couler, sa part d'émotions et d'ivresse !....

» Qu'elle est belle, mes FF.·., cette tâche que nous nous proposons d'accomplir ! Quel brillant avenir nous sourit, pour prix de nos travaux ! Oui, nous le réaliserons cet avenir, dont cinquante siècles ont inscrit les destinées sur le sommet des pyramides ; oui, nous donnerons au monde cette liberté fondée sur la vertu, le devoir et la fraternité ! »

Après ces paroles dites avec une profonde onction, le vén.·. fait tirer un triple vivat, auquel le F.·. Puységur répond, en se joignant à la batterie.

Le F.·. Goron, secrét.·. de la R.·. L.·. prend ensuite la parole pour exprimer l'utilité de la fondation d'un organe Maçonn.·. au sein des Loges Bretonnes, il s'exprime ainsi :

TT.·. CC.·. FF.·.

« Nous sommes les enfants de la vraie lumière, c'est-à-dire les partisans du progrès social, nous devrions donc par tous les moyens en notre pouvoir combattre l'ignorance, un des plus grands fléaux auxquels est en proie l'espèce humaine.

» La Presse a déjà rendu de grands services à la civilisation ; car il est avéré par les statistiques, que le nombre des illétrés a beaucoup diminué depuis quelques années, et que de jour en jour cette décroissance de l'ignorantisme est de plus en plus sensible. Si, dans le monde profane, ce signe de progrès est ostensible, il l'est, je crois encore davantage dans la Maçonnerie, dont les nouveaux adeptes sont généralement plus érudits que leurs aînés. C'est tellement notoire qu'il est absolument inutile de citer des faits à l'appui, malgré la facilité d'en trouver.

» En province, la Maçonnerie n'ayant pas d'organe, nous proposons au Congrès de fonder, sous les auspices des cinq Loges y représentées, un journal Maçonnique, dans des conditions qui seraient ultérieurement déterminées.

» La coopération de plusieurs écrivains et de FF.·. dévoués nous est assurée, ainsi que le concours d'un grand nombre de membres des deux Loges de l'Orient de Nantes. Si cette proposition était accueillie par vous, ce ne serait pas l'œuvre la moins importante émanée de cette réunion solennelle, qui ne devrait pas se dissoudre sans avoir fait faire un pas en avant à notre sublime institution, dont le but progressif et philanthropique serait moins difficile à atteindre, si une voix, protégée par les cinq flambeaux symboliques du Congrès actuel donnait à toutes les Loges de France le mot d'ordre de la Franc-Maçonnerie, contenu dans le titre même de la nouvelle feuille.

» Pour prouver l'utilité du vœu émis par nous, je dirai que la Loge Paix et Union a pris en février dernier, une décision qui établit la gratuité de l'affiliation des militaires de tous grades des armées de terre et de mer. Il est très-probable que les autres Loges eussent imité leur Sœur (à moins qu'elles ne l'eussent devancée dans cette voie progressive), surtout si un résumé des délibérations y relatives leur était parvenu.

» Pour mettre notre projet à exécution, le moment serait d'autant mieux choisi, que nous venons d'entrer dans une nouvelle ère, qui nous permet d'aspirer à la réalisation prochaine de toutes les améliorations désirables. »

Le vén∴ remercie le F∴ Goron de cette bonne communication, et prévient l'At∴ que le tracé de la pl∴ en fera mention.

Les trav∴ de Loge à l'ordre du jour étant épuisés, le vén∴ invite les FF∴ composant l'Orient, ainsi que les FF∴ des colonnes, à suspendre momentanément les trav∴ qui seront repris en trav∴ de table. Les FF∴ quittent leurs places et prennent quelques instants de récréation, dans les salons attenant à la salle de réfection, où doivent reprendre les trav∴ en tenue de Banquet.

Sur l'invitation du maître des Banquets, le vén∴ prie les FF∴ des députations, ainsi que les FF∴ visiteurs, de prendre place aux siéges qui leur sont réservés, les FF∴ de l'Atel∴ se groupent ensuite aux différentes places qui leur sont désignées.

La salle de Banquet est décorée tout spécialement pour cette solennité, tous les FF∴ au nombre de cent vingt, décorés des insignes de leur grade, présentent un coup d'œil ravissant ; des étendards portant diverses devises Maçonn∴ couvrent les murs, des cartouches entrelacés de guirlandes portent les noms des Loges Bretonnes, des loges affiliées et des Loges voisines de l'O∴ de Nantes. Tous les FF∴ semblent impressionnés d'une douce joie.

Lorsque tous les FF∴ sont placés, le vén∴ annonce que les trav∴ qui étaient momentanément suspendus, reprennent force et vigueur, il prie le F∴ orat∴ de faire l'invocation et chacun se livre à la mastication.

Sur un coup de maillet frappé par le vén∴ les surveillants répondent et invitent les FF∴ de leurs colonnes à se préparer pour une santé d'obligation que le vén∴

doit porter. Tout étant dans l'état requis, le vén.·. s'exprime ainsi :

« Premier Feu. — *A l'Empereur.*

» Deuxième Feu. — *A l'Impératrice et au Prince Impérial.*

» Troisième et parfait Feu. — *A la France, à sa prospé-rité, à sa grandeur, à son développement dans les sciences, les arts et l'industrie.* »

Tous les FF.·. se joignent au vén.·. pour applaudir par un triple vivat aux santés portées.

Les FF.·. M.·. des Cérém.·. répondent au nom du Souverain, selon l'usage.

Le vén.·. invite les FF.·. surv.·. à faire tout préparer pour une deuxième santé ; et quand tout est en ordre, le vén.·. dit :

« Premier Feu. — *Au Grand Maître de l'Ordre, que ses efforts tendent toujours à nous conduire dans cette voie du progrès vers laquelle aspire l'ordre de la Franc-Maçonnerie.*

» Deuxième Feu. — *Aux Membres du Conseil de l'ordre, que leur intégrité soit toujours la sauvegarde de notre législation.*

» Troisième Feu. — *Aux vén.·. FF.·. présid.·. des Atel.·. que leur maillet soit toujours soutenu dans cette pensée intime qui lie tous les FF.·. Maçons.* »

Cette batterie est chaudement applaudie par tous les FF.·. qui témoignent dans leurs applaudissements toute l'adhésion qu'ils conçoivent pour les paroles prononcées par le vén.·..

Le F.·. premier surv.·. profite du moment de calme qui suit après les précédentes santés, en invitant tous les FF∴ membres de l'Atel∴ à se préparer à une santé qu'il doit porter. Tout étant préparé, le premier surv∴ s'annonce ainsi :

« A moi mes FF∴, pour le vén∴

» *Premier Feu. — A notre T∴ C∴ Vén∴, à la sympathie que nous ressentons pour lui.*

» *Deuxième Feu. — A l'affection que nous lui devons tous.*

» *Troisième et parfait Feu. — Aux souhaits que nous formons pour la continuation d'une prospérité par lui acquise dans un travail long et laborieux.*

La batterie qui suit cette santé est portée avec un enthousiasme qui fait vibrer la voûte du réfectoire; l'impression ressentie par tous les FF∴ n'est que l'expression de la plus vive sympathie.

Le vén∴ visiblement ému, répond par de douces et fraternelles paroles, et accompagné des MM∴ des Cér∴ fait l'applaudissement. Les FF∴, par un respect bien fraternel, mais compris, ne couvrent pas cette batterie.

Dans un instant réservé pour la quatrième santé, le vén∴ ayant prévenu les FF∴ des colonnes, s'adresse ainsi aux FF∴ des députations :

« Mes FF∴, dans cette santé d'obligation, vous êtes compris au nombre des Loges de l'obédience, mais en l'honneur de cette solennité dont vous êtes les principales dignités, qu'il nous soit permis de vous porter une santé spéciale, afin que les voûtes de nos temples et réfectoires retentissent de nos vivats chaleureux et sympathiques; il vous est acquis, TT∴ DD∴ FF∴, une santé bien chère pour nous, qui gardera son souvenir dans les fastes de Paix et Union. »

Tout étant préparé pour la quatrième santé, le vén.·. dit :

« Premier Feu. — *A nos FF.·. premier et deuxième surv.·.*

« Deuxième Feu. — *A tous les dign.·. de ce respectable Atel.·.*

» Troisième Feu. — *Aux Loges de la correspondance.* »

Un chaleureux vivat est tiré par trois applaudissements. Le F.·. orat.·. répond au nom de tous les FF.·. dign.·., et l'Atel.·. dans un vivat unanime couvre la batterie des FF.·. dign.·. qui se joignent à cette fraternelle sympathie.

Le silence rétabli, le vén.·. sous un coup de maillet répondu par les FF.·. premier et deuxième surv.·. fait l'annonce suivante :

« FF.·. de Paix et Union, veuillez vous joindre à moi, pour tirer une batterie la plus retentissante, les feux les plus vifs pour témoigner à nos FF.·. Députés toute notre joie, toute notre sympathique affection, enfin tout le bonheur que nous aurons de nous souvenir de leur présence parmi nous.

» Premier Feu. — *A l'heureuse union des Loges Bretonnes dans ce Congrès Maçonnique.*

» Deuxième Feu. — *Au souvenir sincère que nous garderons de cette réunion.*

» Troisième Feu. — *A l'accomplissement des vœux et du progrès, que nous avons stipulés dans ce jour d'allégresse.* »

Décrire la vigueur du vivat qui suivit ces paroles, est bien difficile, ce n'était qu'un geste, ce n'était qu'une voix ou pour dire même ce n'était qu'un cœur qui s'exhalait dans la plus chaleureuse sympathie. Dans la vigueur du Feu, les FF∴ des députations s'étaient joints à la batterie entraînés par l'affection dont ils se voyaient l'objet et par un seul sentiment d'inspiration, la batterie fut redoublée.

Quelques instants après, le vén∴ fait former la chaîne d'union, le baiser de paix circule. Le tronc de bienfaisance a été bien accueilli. Lorsque la circulation des plateaux s'opérait, le F∴ Goron présenta une énigme ainsi conçue :

> Je vais toujours en avant,
> Mais ce n'est qu'en tâtonnant.
> Cela paraît étonnant
> A qui lancé dans la vie,
> Par un élan spontané,
> Avec moi s'identifie,
> Si ce n'est momentané.
> Je suis peu, je ne suis rien,
> Je suis tout, quoique l'on dise,
> Vrai Franc-Maçon, cherche bien ;
> Tu me prendras pour devise.

Pendant l'œuvre bienfaisante, chacun des FF∴ s'évertue à chercher ce mot qui se trouve déjà dans plusieurs esprits. Le tronc dépouillé, les FF∴ consultés selon l'usage, le vén∴ ferme les trav∴ à la manière accoutumée

MINUIT PLEIN,

et tous les FF∴ se retirent en paix, emportant de cette solennité, la plus heureuse et la plus douce impression des sympathies qui s'y sont témoignées.

Pour la Rédaction, le F∴ orat∴,

Th^re GALPIN.